Ravensburger Taschenbücher
Farbiges Wissen 10

Bertha Morris Parker

Leben in der Natur

Von Pflanzen, Tieren und Menschen
Illustrationen von Harry McNaught

Otto Maier Verlag Ravensburg

Eine erweiterte Ausgabe dieses Buches erschien unter dem Titel
»Vom ersten Wissen« im Otto Maier Verlag Ravensburg

Dritte Auflage in den Ravensburger Taschenbüchern
Lizenzausgabe mit Genehmigung des Verlages
Western Publishing Company Inc., Racine, Wisconsin USA
© Copyright 1972, 1968, 1963, 1956 by
Western Publishing Company Inc.
All rights reserved, including the right of reproduction
in whole or in part, in any form.

Deutsche Bearbeitung: Karl Troost, Hanna Bautze
Umschlagentwurf: Dietrich Kirsch und Jutta Kirsch-Korn

Alle Rechte dieser Ausgabe vorbehalten durch
Otto Maier Verlag Ravensburg
Printed in Italy 1975 by Off. Grafiche A. Mondadori Editore – Verona
ISBN 3-473-39710-5

Inhalt

Eine Million Tierarten 4
Tiere mit Federn 9
Tiere mit Haaren 14
Fische 18
Andere Tiere mit Wirbelsäulen 22
Muschelschalen und Schneckenhäuser 27
In der Tiefsee 31
Schädliche Insekten 33
Nützliche Insekten 35
Insektenstaaten 37
Winteraufenthalt 39
Tarnung 41
Hunderttausende von Pflanzen 43
Zuckerfabriken 45
Schmarotzerpflanzen 47
Fleischfressende Pflanzen 49
Blumen, die wir kennen 51
Früchte von nah und fern 54
Gemüse in unseren Gärten 57
Samen auf Reisen 59
Unser Körper 61
Die Luft, die wir atmen 67
Unser Trinkwasser 69
Unsere Nahrung 71
Wie wir gesund bleiben 75

Schwalbenschwanz

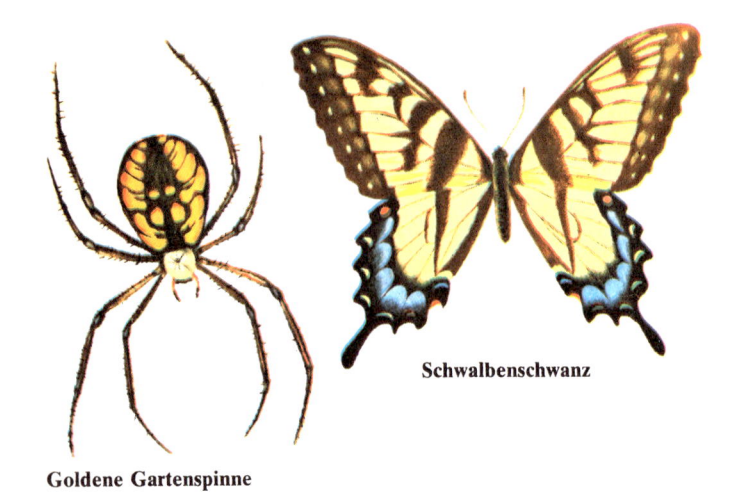

Goldene Gartenspinne

Eine Million Tierarten

Auf unserem Planeten gibt es ungefähr eine Million Arten von Tieren. Es gibt sie in allen Größen: vom riesigen Blauwal bis zu winzigen Tieren, die man ohne Mikroskop überhaupt nicht sehen kann. Die Körper aller Tiere bestehen aus winzigen Bausteinen aus lebendem Material, die Zellen genannt werden. Auch der menschliche Körper besteht aus Billionen von Zellen. Es gibt Tiere, die nur aus einer Zelle bestehen. Diese Einzeller heißen Protozoen. Dieser Name bedeutet Urtierchen. Die allerersten Tiere auf der Erde müssen Einzeller gewesen sein.
Die meisten Tiere können sich fortbewegen.

Einige können fliegen, andere schwimmen, manche hüpfen, viele laufen, wieder andere kriechen. Aber es gibt auch Tiere, die ihr ganzes Leben an einem Platz bleiben, wie zum Beispiel die Schwämme, eine niedere Tiergattung, die an Felsen festgewachsen sind.

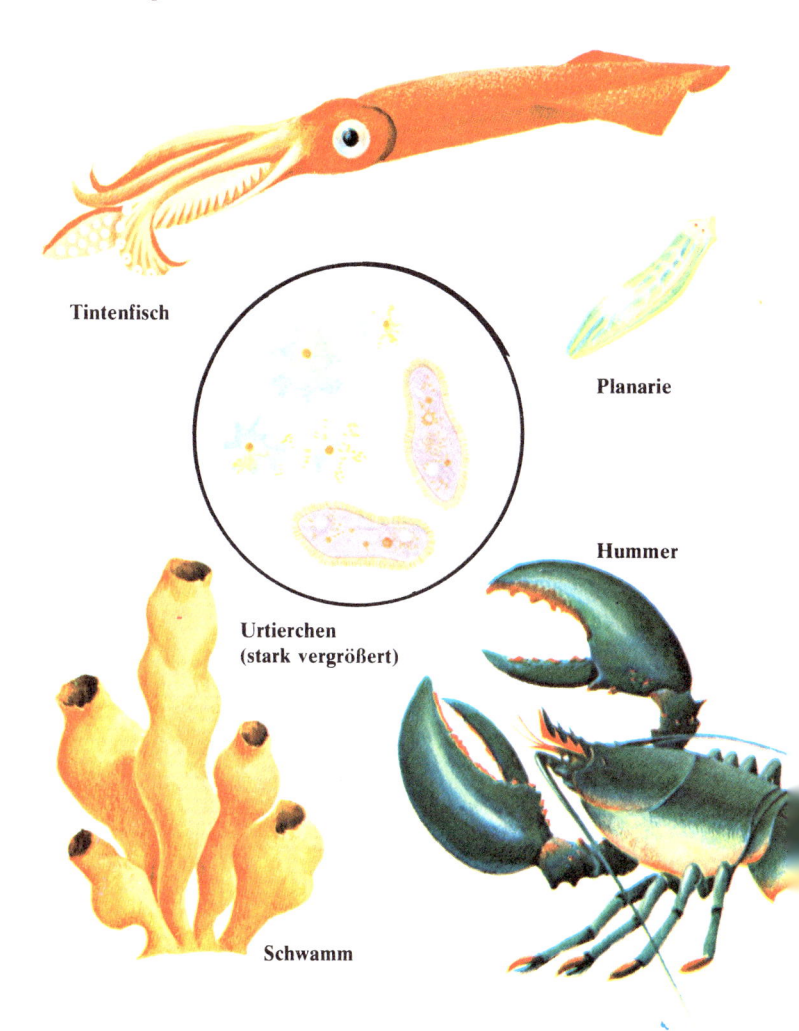

Tintenfisch

Planarie

Urtierchen (stark vergrößert)

Hummer

Schwamm

Blauhäher

Mehr als drei Viertel aller Tierarten der Erde sind Insekten. Auch die Vögel bilden im Tierreich eine große Gruppe, doch es gibt 90mal mehr Insektenarten als Vogelarten. Auch die Schnecken, Muscheln und ihre nahen Verwandten bilden eine große Gruppe, sie ist aber nicht annähernd so groß wie die der Insekten.

Jeder Vogel hat den Rücken entlang eine Reihe von Knochen, die wir Wirbelsäule nennen. Vier weitere Gruppen von Tieren haben auch Wirbelsäulen. Es sind die Fische, die Lurche oder Amphibien, die Kriechtiere oder Reptilien und die Säugetiere. Es gibt ungefähr ebenso viele Arten von Fischen wie Vogelarten. Wohl jeder kennt einige von ihnen. Fast jeder kennt auch einige Amphibien und Reptilien.

Kröten und Frösche sind Amphibien. Schlangen und Schildkröten gehören zu den Reptilien. Ganz sicher kennt aber jeder mindestens eine Säugetierart, zu denen auch die Menschen ihrem Körperbau entsprechend gehören. Säugetiere haben immer Haare oder ein Fell.

Laubfrosch

Fisch

Scharlachnatter

Die Wissenschaftler haben einen besonderen Namen für Tiere mit Wirbelsäulen. Sie bezeichnen sie als Vertebraten. Alle anderen Tiere – die keine Wirbelsäule haben – werden Invertebraten genannt.

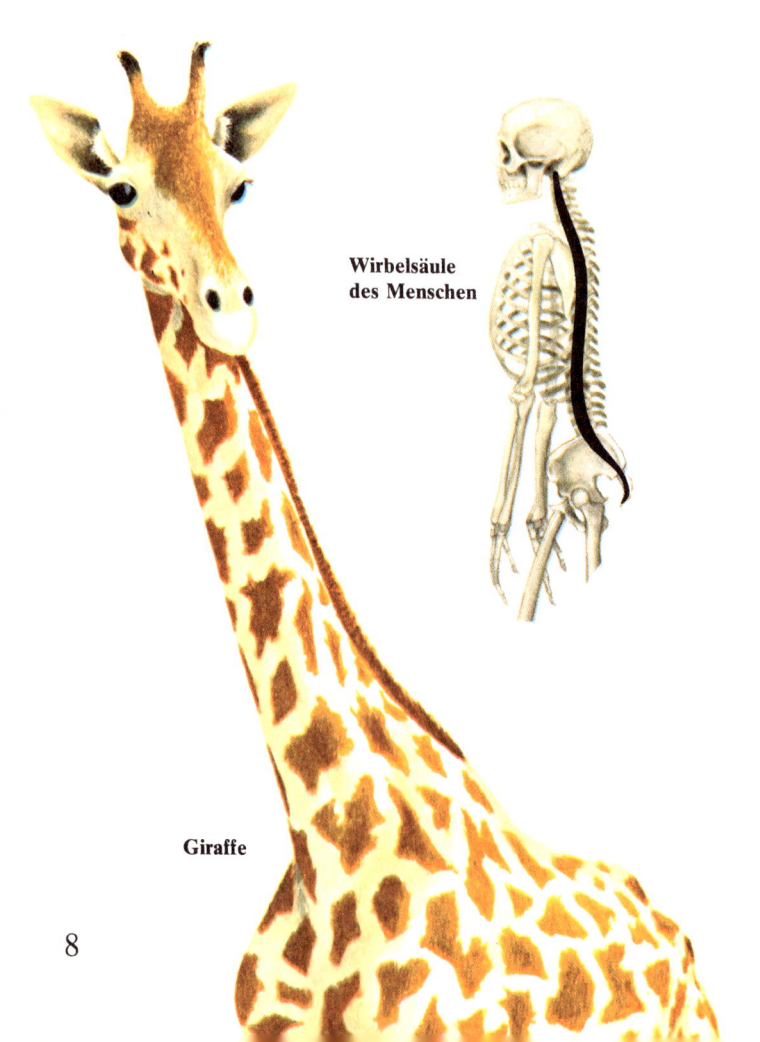

Wirbelsäule des Menschen

Giraffe

Wildente

Tiere mit Federn

Alle Vögel haben Federn, und jedes Tier mit Federn ist ein Vogel. Federn sind ein guter Schutz. Sie stoßen das Wasser ab, weil sie fettig sind, und sie wärmen ebensogut wie ein Fell.

Die Vögel haben viele gemeinsame Eigenschaften. Sie sind alle Warmblüter, das heißt, ihre Körper sind auch bei kaltem Wetter warm. Sie haben zwei Beine, zwei Flügel und einen Schnabel. Vögel sind also leicht von anderen Tieren zu unterscheiden.

Feldsperling

Lerche

Es gibt Tausende von Vogelarten, und sie bewohnen die verschiedensten Gebiete der Erde. Jeder Vogel ist für seinen Lebensraum besonders ausgerüstet. Viele Wasservögel haben zum Beispiel Schwimmhäute zwischen den Zehen, so daß sie besser schwimmen können.

Obwohl alle Vögel Flügel haben, können nicht alle fliegen. Der Strauß ist einer dieser flugunfähi-

Strauß

Pinguin

Fischreiher

Kolibris

gen Vögel. Er läuft immer auf der Erde. Auch der Pinguin kann sich mit seinen Flügeln nicht von der Erde abheben, aber er kann sie beim Schwimmen als Paddel benutzen.

Der Strauß ist heute der größte Vogel. In früheren Zeiten gab es viel größere Vögel, zum Beispiel einen, der einen Kopf so groß wie ein Pferdeschädel hatte. Aber der Strauß ist im Vergleich mit dem winzigen Kolibri ein Riese. Ein ausgewachsener Strauß kann 300 Pfund wiegen, ein Kolibri weniger als ein Pfennig.

Nicht alle Vögel fressen das gleiche Futter. Die Schnabelform eines Vogels hilft uns, herauszufin-

Baltimorevogel

den, welche Nahrung der Vogel zu sich nimmt. Eulen und Falken haben scharfe, gekrümmte Schnäbel, mit denen sie Mäuse und andere kleine Tiere, die sie fangen, in Stücke reißen können. Kernbeißer und Finken haben kurze, dicke Schnäbel, mit denen sie gut Samenkörner öffnen. Kleiber haben kleine, dünne spitze Schnäbel, die in die winzigen Risse in der Baumrinde auf der Jagd nach Insekten hineingesteckt werden können. Spechte haben so kräftige Schnäbel, daß sie damit Löcher in die Bäume hacken und Insekten herausholen. Die Schnäbel der Kolibris sind sehr lang, sie saugen damit Honig aus langen Blütenröhren.

Alle Vögel schlüpfen aus Eiern aus. Der Schnabel hilft dem Vogel ebenso beim Nestbau für die Eier wie bei der Nahrungssuche. Der Schnabel ist für den Vogel das, was für uns die Hände sind.

Zwergohreule

Habicht

Rotköpfiger Specht

Kardinal

Rosenbrüstiger Kernbeißer

Goldammer

Kleiber

Katze

Tiere mit Haaren

Alle Tiere mit Haaren sind Säugetiere, und alle Säugetiere haben wenigstens einige Haare. Viele haben ein weiches, dickes Haarkleid, Pelz genannt. Andere, zum Beispiel das Nilpferd und das Gürteltier, haben nur einige Borsten. Außer den Säugetieren gibt es keine Tiere mit Haaren. Säugetiere sind auch die einzigen Tiere, die ihre Jungen mit Milch aus dem eigenen Körper füttern. Nur die Säugetiere und die Vögel sind Warmblüter.

Die Jungen der meisten Säugetiere werden lebend geboren und nicht ausgebrütet. Nur zwei Säugetierarten legen Eier: das Schnabeltier und der stachelige Ameisenigel. Einige Säugetiere haben Junge, die winzigklein und völlig hilflos auf die Welt kommen. Die Muttertiere tragen sie dann Wochen, ja oft Monate, in Beuteln an ihrem Körper herum. Das Känguruh, das Opossum und der

Schnabeltier

Gürteltier

Koalabär

Stacheliger Ameisenigel

Kaninchen

Hund

Opossum

Känguruh

Koalabär sind einige der vielen Beuteltierarten. Die meisten Beuteltiere und die beiden eierlegenden Säugetiere leben in Australien.

Sehr viele Säugetiere sind Vierfüßler. Aber auch Fledermäuse sind Säugetiere, wenn sie auch fliegen wie die Vögel und nur zwei Beine haben. Auch sie bringen lebende Junge zur Welt und säugen sie. Das größte Säugetier – der Wal – ist auch kein Vierfüßler. Seine Vorfahren haben wahrscheinlich auf dem Land gelebt und besaßen vier Füße. Aber jetzt hat der Wal Flossen statt Füße. In den Meeren gibt es noch andere Säugetiere ohne Füße. Der bedeutendste Säuger der Erde hat zwei Beine und zwei Arme; es ist natürlich der Mensch.

Einige Säugetiere fressen nur Fleisch, andere nichts als Pflanzen. Viele ernähren sich von Fleisch und Pflanzen, genau wie wir.

Tiger

- Zebra
- Eichhörnchen
- Waschbär
- Widder (Schafbock)
- Schwein
- Nilpferd

Katzenwels

Fische

Die ersten Tiere mit Wirbelsäulen waren Fische. Sie haben sich als eine sehr erfolgreiche Tierart erwiesen. Es gibt auch heute noch Tausende von Fischarten. Die Fische der Flüsse, Seen und Meere bilden die Nahrung für Millionen von Menschen. Viele Fischarten bleiben ihr Leben lang im Süßwasser. Sie leben in Teichen, Seen und Flüssen. Der Weißfisch und der Barsch sind Süßwasserfische, auch die meisten Welsarten.

Hering

Lachs

Aal

Barsch

Weißfisch

Andere Fischarten können nur im Salzwasser leben, zum Beispiel der Kabeljau und der Hering. Es gibt auch Fischarten, die einen Teil ihres Lebens im Salzwasser und einen Teil im Süßwasser verbringen. Zwei Arten sind der Aal und der Lachs.

Die Fische sind für das Leben im Wasser gut ausgerüstet. Sie besitzen Flossen zum Schwimmen und Kiemen zum Atmen. Die meisten gleiten mit Leichtigkeit durch das Wasser, weil sie Stromlinienform haben. Fast alle sind durch Schuppen geschützt.

Kabeljau

Natürlich müssen die Fische ihr Futter in ihrem Lebensbereich, dem Wasser, finden. Viele fangen Tiere wie Insekten, Würmer und kleinere Fische. Andere leben von dem sogenannten Plankton, winzigen Wassertieren und Wasserpflanzen.

Die meisten Fische kann man ohne Schwierigkeit an ihrem Körperbau erkennen. Manche aber haben eine merkwürdige Form, ganz anders als die eines typischen Fisches, wie zum Beispiel des Kabeljaus. Beim Hammerhai sitzen die Augen an Stielen. Das winzige Seepferdchen hat einen dünnen Schwanz, den es um den Seetang winden kann. Die Scholle ist flach und hat beide Augen auf derselben Kopfseite. Der Aal ist lang und sieht fast wie eine Schlange aus.

In den Gewässern der tropischen Länder gibt es eine Menge wunderschöner kleiner Fische. Einige von ihnen kann man in Aquarien halten. Zwei sehr bekannte und beliebte Aquariumfische sind der Guppy und der Schwertträger. Diese kleinen tropischen Fische legen keine Eier wie die meisten Fischarten. Das weibliche Tier behält die Eier im

Guppys

Schwertträger

Goldfisch

Auge des Hammerhais

Flunder Seepferdchen

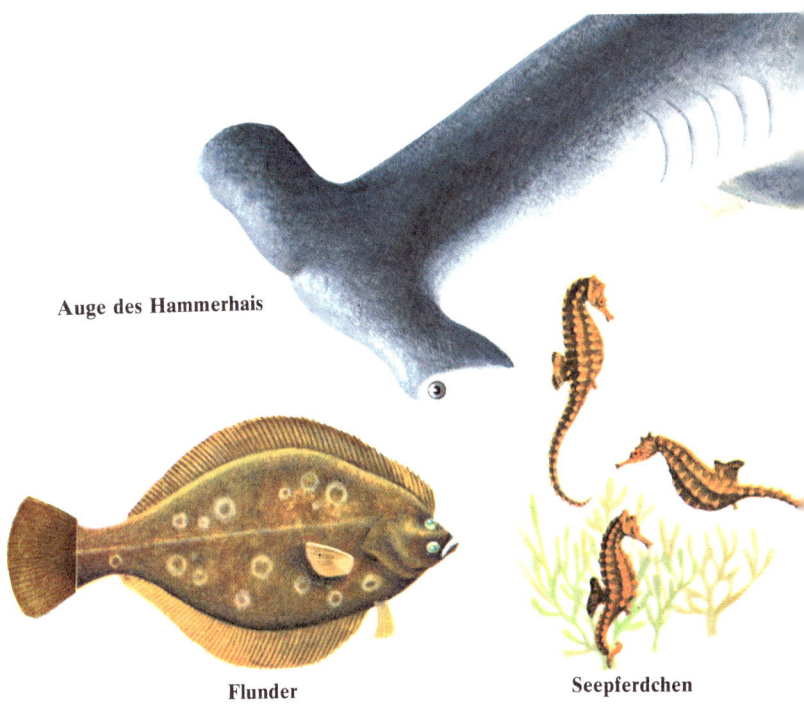

Körper, bis winzige Fische ausgeschlüpft sind. Goldfische sind die bekanntesten Zierfische. Sie wurden schon vor Jahrhunderten für die Aquarien gezüchtet.

Man hat früher alle Tiere, die im Wasser leben, als Fisch bezeichnet. Das Wort »Fisch« ist deshalb noch in vielen Namen von Tieren enthalten, die gar keine Fische sind, wie zum Beispiel der Tintenfisch. Er hat keine Wirbelsäule. Viele Leute meinen immer noch, daß Wale Fische seien. Sie würden ihre Meinung schnell ändern, wenn sie sehen könnten, wie eine Walmutter ihr Junges säugt.

Lebenslauf eines Frosches

Andere Tiere mit Wirbelsäulen

Angenommen, ein Tier hat eine Wirbelsäule, es ist aber weder ein Vogel, noch ein Säugetier oder ein Fisch. Dann gibt es nur zwei Möglichkeiten: Es ist entweder ein Kriechtier oder ein Lurch. Den ersten Lurch hat man oft auch als »Laufenden Fisch« bezeichnet. Wenn die Lurche oder Amphibien jung sind, sehen sie fast wie kleine Fische aus. Sie leben im Wasser und atmen durch Kiemen. Wenn sie ausgewachsen sind, haben die meisten Amphibien Beine und atmen mit Lungen. Sie leben, wenigstens zeitweise, an Land.

Der griechische Name für Lurch, Amphibion, bedeutet »an zwei Orten leben«. Das ist eine gute Bezeichnung für diese Tiere.

Kröten, Frösche, Molche und Salamander sind

Lurche. Auch der Olm, eine Salamanderart, ist ein Lurch, obgleich seine Lebensweise stark von der der anderen Lurche abweicht. Er lebt im Wasser und atmet sein Leben lang durch Kiemen. Die Entwicklung der Kröten und Frösche wurde schon von vielen Menschen beobachtet. Es ist einfach, im Frühling Kröten- oder Froscheier zu finden und in ein Aquarium zu tun. Aus den Eiern schlüpfen winzige Kaulquappen, die schnell heranwachsen. Nach einiger Zeit bekommt das Tier Beine, und der Schwanz verschwindet. Aus den winzigen Wassertieren sind vierfüßige Tiere geworden, die mit Lungen anstatt wie vorher durch Kiemen atmen und an Land leben. Sie fressen jetzt keine Pflanzen mehr, sondern Tiere.
Es gibt sehr viel weniger Amphibienarten als Ar-

Roter Salamander

ten von Vögeln, Säugetieren oder Fischen. Diese Tiergruppe ist nicht sehr umfangreich.

Alle Reptilien oder Kriechtiere beginnen ihr Leben an Land. Einige gehen dann in Flüsse, Teiche oder Seen und verbringen dort ihr ganzes Leben. Doch die meisten Reptilien sind Landtiere. Auch wenn manche zeitweise im Wasser leben, atmen sie immer mit Lungen.

Es gibt riesige und winzige Reptile. Einige haben vier Beine, andere haben überhaupt keine. Manche sind gefährlich, wieder andere unsere Helfer. Auf den ersten Blick würde man einen Alligator, eine Strumpfbandnatter und eine Schmuckschildkröte nicht für Verwandte halten. Aber alle drei sind Reptile. Zu den Kriechtieren gehören die

Mississippi-Alligator

Schlangen, die Schildkröten, die Krokodile und die Echsen. Ein ausgewachsener Salamander und eine Eidechse sehen fast gleich aus. Aber es ist leicht, sie auseinanderzuhalten: Alle Amphibien haben eine glatte, weiche Haut – wenn sie auch, wie zum Beispiel bei der Kröte, mit warzenartigen Erhöhungen bedeckt sein kann. Die Reptilien sind mit Schuppen bedeckt. Schildkröten haben außerdem noch einen Panzer.

Strumpfbandnatter

Schmuckschildkröte

Eidechse

Fliegende Reptilien der Vorzeit

Es gibt mehr Reptilienarten als Amphibienarten. Aber in früheren Zeiten gab es viel mehr Reptilien als heute. In einer frühen Epoche der Erdgeschichte gab es einen Zeitabschnitt, den man das Reptilzeitalter nannte. Das war lange bevor es Menschen auf der Erde gab. In jener Zeit lebten sogar große fliegende Reptile.

Kamm-Muschel mit Seepocken

Muschelschalen und Schneckenhäuser

Wenn wir ans Meer fahren, freuen wir uns besonders auf das Muschelsammeln. Die meisten Muscheln, die wir am Strand finden, sind leer, aber alle waren einmal Wohnungen von Tieren, die an der Meeresküste leben. Sie waren die Häuser von Schnecken, Muscheltieren und anderen Tieren ohne Wirbelsäule.

Das Haus einer Schnecke besteht aus einem Stück. Meistens ist es eine einteilige, gewundene Schale. Eine Muschelschale dagegen ist zweiteilig. Die beiden Hälften öffnen und schließen sich.

»Tulpenbund« mit Tier

**Einsiedlerkrebs
in einer Mondschnecke**

Tausende von Arten der Meeresbewohner bauen ihr Haus nach dem Vorbild der Muscheltiere, ebenso viele Tausend folgen dem Beispiel der Schnecke.

Die meisten Meeresbewohner machen ihre Schalen selber. Sie bilden sie aus dem im Wasser gelösten Kalk. Wenn ein Wasserkessel lange in Gebrauch ist, setzt sich an der Innenseite Kalk ab. Diese Ablagerung ist nicht sehr beliebt. Aber aus demselben Material bauen die Meeresbewohner ihre schönen Schalen.

Es gibt eine Tierart, die man oft in einer Schale findet, die sie nicht selbst gemacht hat. Es ist der Einsiedlerkrebs, der sich ein leeres Schneckenhaus als Wohnung nimmt.

Manche Schneckenhäuser und Muschelschalen haben Namen, die uns einen Hinweis auf ihr Aussehen geben. Hier sind einige von ihnen: »Blutender Zahn«, »Kreiselschnecke«, »Schmetterlings-Muschel«. Dieselbe Tierart verfertigt oft

Truthahnflügelschnecke

»Blutender Zahn«

Sonnenuhr-Schnecke

Schmetterlings-muschel

Kreiselschnecke

Pantoffelschnecke

Engelsflügelschnecke

Schalen mit den verschiedensten Färbungen. Es macht deshalb besonders viel Spaß, Schmetterlings-Muscheln zu sammeln, die es in vielen Farben gibt. Auch Kamm-Muscheln sind verschieden gefärbt.

Es gibt Tausende und Abertausende Arten von Seemuscheln. Einige sind riesengroß, andere so klein, daß man sie nur unter einem Mikroskop erkennt. Es gibt niemanden, der von allen Arten ein Exemplar besitzt. Ein Muschelsammler findet immer noch etwas Neues.

»Tulpenbund«

Kegelschnecke

Kamm-Muschel

Scheiden-Muschel

Anglerfisch

In der Tiefsee

Nur wenige Menschen haben jemals ein lebendes Exemplar dieses Tieres gesehen. Es ist ein Bewohner der Tiefsee.

Tief im Meer, wo der Anglerfisch lebt, ist es sehr dunkel. Das Sonnenlicht kommt nie in diese Wassertiefe.

Wasser ist schwer. Es lastet mit seinem ungeheuren Gewicht auf allem, das in ihm ist. Die Tiere der Tiefsee können den großen Wasserdruck ertragen, aber sie können nicht in der Nähe der Wasseroberfläche leben. Gefangene Tiefseefische sind an der Wasseroberfläche sogar zerplatzt.

Alle Tiere der Tiefsee sind Fleischfresser. In dieser Dunkelheit gedeiht keine grüne Pflanze.

Es ist sicherlich nicht einfach für diese Tiere, Nahrung zu finden. Manche strahlen ein Licht aus, das ihnen vielleicht dabei hilft. Der Kleine Anglerfisch zum Beispiel hat leuchtende Flecken, die wie kleine Laternen wirken. Wahrscheinlich lockt er damit andere Fische an.

Viele Tiefseefische haben große Köpfe und lange

Vipernfisch

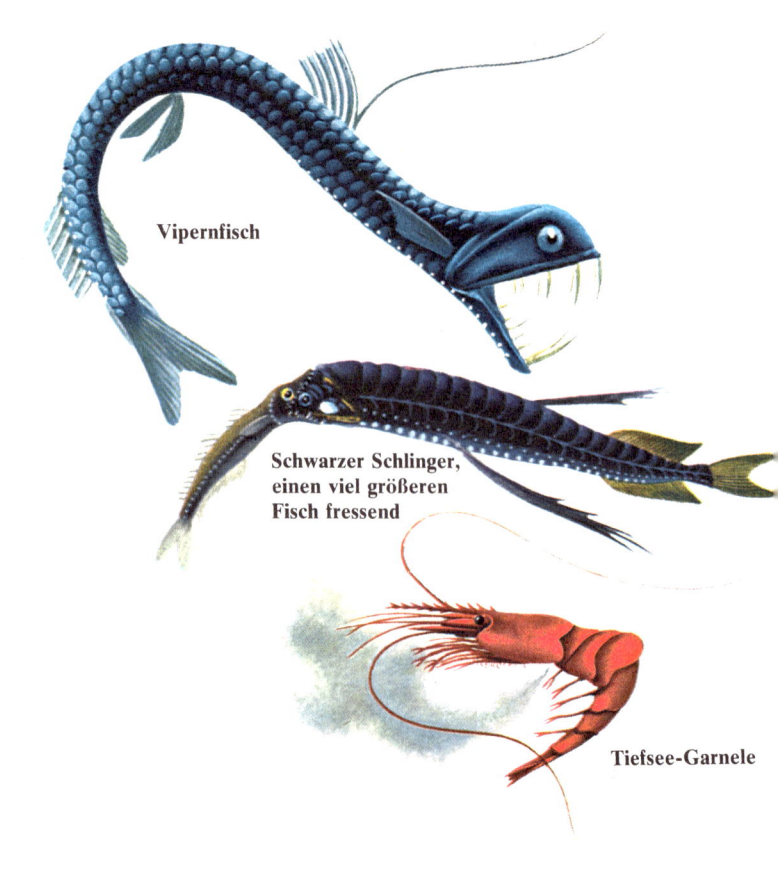

Schwarzer Schlinger, einen viel größeren Fisch fressend

Tiefsee-Garnele

scharfe Zähne. Fängt eines dieser Geschöpfe ein kleineres Tier, so hat dies wenig Aussichten zu entkommen. Nicht alle dieser Fische leben von kleineren Tieren. Ein Schwarzer Schlinger zum Beispiel kann einen Fisch verschlingen, der viel größer ist als er selbst.

Nicht alle Tiefseegeschöpfe sind Fische. Viele sind Verwandte unserer Hummern und Krabben.

Schädliche Insekten

Es gibt mehr als eine ¾ Million Insektenarten und von jeder Art wieder unzählige Tiere. Es ist daher kein Wunder, daß einige uns begegnen und zu einer großen Plage werden.

Insekten brauchen Nahrung. Manche fressen das, was wir für uns haben wollten: Sie fressen das Korn auf den Feldern, das Gemüse und die Früchte in den Gärten und Plantagen. Immer wieder finden wir einen wurmigen Apfel, eine Kartoffel oder Kornähren, die uns zeigen: Unsere sechsbeinigen »Freunde« waren vor uns da! Die »Würmer« im Obst oder in den Ähren sind keine

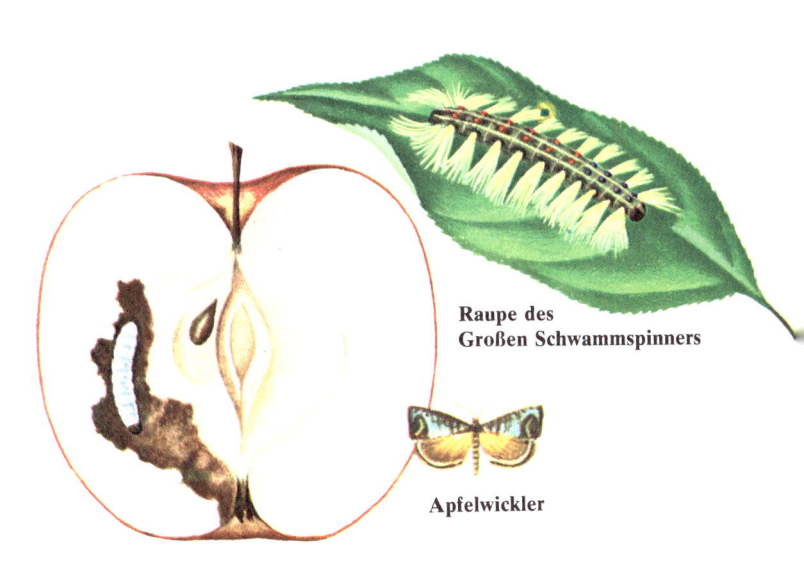

Raupe des Großen Schwammspinners

Apfelwickler

richtigen Würmer. Es sind junge Insekten. Viele Insekten sehen in ihrer Kindheit wie Würmer aus. Wir haben verschiedene Bezeichnungen für diese »Würmer«: Raupen, Maden, Larven.

Einige Insekten kommen sogar auf unseren Eßtisch und versuchen sich Nahrung von den Tellern zu holen. Stubenfliegen sind deshalb eine große Plage.

Manche Insekten sind sehr schädlich, weil sie die Bäume verletzen. Sie fressen die Blätter oder bohren sich in Stämme und Wurzeln.

Andere Insekten fressen Löcher in unsere Kleider und Teppiche. Andere zerstören Bücher. Wieder andere fressen das Holz in den Hauswänden.

Aber die schädlichsten Insekten sind die, die Krankheiten übertragen. Fliegen, Flöhe, Läuse und Moskitos gehören zu den Überträgern von Krankheiten. Sie sind wirkliche Feinde.

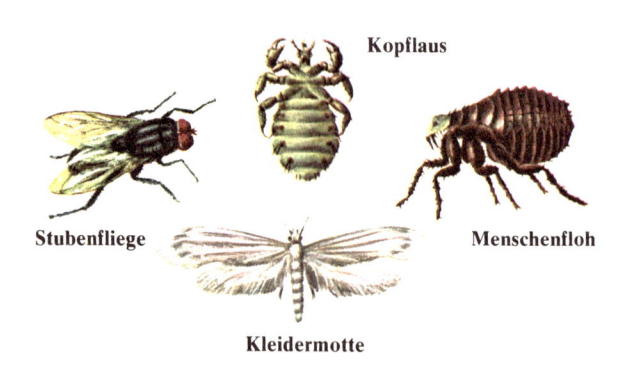

Kopflaus

Stubenfliege

Menschenfloh

Kleidermotte

Nützliche Insekten

Nun soll aber niemand denken, daß alle Insekten unsere Feinde wären. Viele tausend Insekten kommen uns nie in den Weg. Und einige andere sind unsere guten Freunde.

Die Honigbiene ist schon seit langer, langer Zeit der Freund des Menschen. Wahrscheinlich haben schon die Höhlenmenschen Bienennester entdeckt und den dort gespeicherten Honig herausgenommen und gegessen.

Auch wenn die Honigbienen keinen Honig herstellen würden, wären sie für uns sehr nützlich. Sie tragen nämlich den Blütenstaub, die Pollen, von Blüte zu Blüte. Dadurch werden die Blüten befruchtet und können Früchte bilden. In Obstgärten gibt es daher häufig Bienenstöcke.

Bestimmte Hummelarten sind besondere Freunde der Bauern, die roten Klee anbauen. Nur sie tragen die Pollen dieser Blüten weiter und helfen mit, daß neuer Kleesamen wächst.

Manche Insekten bilden die »Müllabfuhr« in der Natur. Aaskäfer zum Beispiel fressen tote Tiere auf.

Viele unserer Insektenfreunde sind darum so nützlich, weil sie wiederum Schadinsekten fressen. Die Gottesanbeterin, eine Heuschreckenart, und der Marienkäfer sind zwei Insekten, die in den Gärten immer willkommen sind. Die Gottesanbeterin wird manchmal sogar »Insektentiger« genannt, weil sie so viele schädliche Insekten vertilgt. In einigen Ländern werden diese Heuschrecken gezähmt und für die Insektenvertilgung eingesetzt. Die Marienkäfer fressen Riesenmengen von Blattläusen.

Sehr nützlich ist auch der Seidenspinner. Die Larven dieses Schmetterlings heißen Seidenraupen. Die reine Seide für kostbare Kleider wird aus den Kokons gewonnen, in die sich die Seidenraupen vor der Verpuppung einspinnen.

Hummel

Gottesanbeterin

Bienenkasten

Aaskäfer

Im Inneren eines Bienenkastens

Insektenstaaten

Insekten bauten bereits Städte, als die Menschen noch gar nicht an so etwas dachten. Tatsächlich gab es schon Insektenstädte, bevor es Menschen auf der Erde gab. In unseren Städten verrichten die Einwohner verschiedene Arbeiten. Sie helfen einander durch ihre Arbeit. Auch in einer Insektenstadt verrichten verschiedene Insekten verschiedene Arbeiten. Durch ihre Arbeit helfen sie der Gemeinschaft.

Nicht alle Insekten leben in großen Gruppen und teilen die Arbeiten untereinander auf. Aber folgende Insekten leben in Gemeinschaften: einige Wespenarten, viele Bienenarten, alle Ameisen- und Termitenarten.

Die größten Insektenstaaten sind die Termitenhügel. Dort leben mehrere Millionen Termiten in einer Gruppe.

Bienenstaaten sind viel kleiner. In einem großen Bienenstaat leben ungefähr 75 000 Bienen. Doch kein Insektenstaat ist interessanter. In einer Bienenstadt oder einem Bienenstock gibt es nur eine Königin. Sie legt die Eier. Während der Paarungszeit leben im Bienenstock einige männliche Bienen, die sogenannten Drohnen. Ihre einzige Aufgabe besteht darin, die Eier zu befruchten. Alle anderen Bienen sind Arbeiterinnen.

Es sind viele verschiedene Arbeiten zu verrichten. Einige Arbeitsbienen bauen mit dem Wachs aus ihrem Körper Honigwaben. Andere sammeln Pollen und den süßen Blütensaft, den wir Nektar nennen. Sie füllen damit die kleinen Kammern der Honigwaben. Einige Bienen sind lebende Ventilatoren. Sie bewegen ihre Flügel sehr schnell und fächeln damit frische Luft in den Bienenstock. Andere sind Kindermädchen. Sie füttern die jungen Bienen. Es gibt noch viele andere Arbeiten: den Bienenstock bewachen, ihn sauber halten, die Königin bedienen, Risse mit Bienenleim ausflikken und noch vieles andere mehr.

Die Arbeiterinnen tun ihre Arbeit ohne Streit. Die Menschen könnten von den Insekten eine ganze Menge über das Zusammenleben lernen.

Bär beim Winterschlaf

Winteraufenthalt

Viele Tiere können keine Kälte vertragen. Viele kleine Tiere sterben, wenn der Winter kommt. Sie lassen nur ihre Eier zurück, die Kälte und Eis aushalten.
Im Winter ziehen wir warme Kleidung an. Auch manchen Tieren wächst dann ein wärmeres Haarkleid. Du hast sicherlich schon einmal Ponys mit dickem Winterfell gesehen.
Wir können die Fenster und Türen unserer Häuser schließen und im Ofen Feuer anmachen, um uns zu wärmen. Kein Tier kann Feuer machen, aber viele suchen sich ein warmes Winterquartier. Der Frosch vergräbt sich im Schlamm am Grund des Teiches. Der Bär rollt sich in einem hohlen Baum zusammen, und das Eichhörnchen zieht

sich in sein warmes Nest zurück. Diese Tiere verschlafen die meiste Zeit des Winters: Sie halten Winterschlaf.

Anstatt sich gegen die Kälte mit warmen Kleidern zu schützen, reisen manche Leute lieber zu Orten, wo es warm ist. Sie kehren zurück, wenn der Winter vorbei ist. Einige Tierarten machen es genauso. Sie reisen im Herbst in wärmere Gegenden und kehren erst im Frühling zu ihren Sommerwohnungen zurück.

Diese Reisen der Tiere nennt man jahreszeitliche Wanderungen. Eines dieser wandernden Tiere ist der Monarchschmetterling, ein anderes das Karibu. Die bekanntesten wandernden Tiere finden wir aber unter den Vögeln.

Manche Vogelarten legen in jedem Herbst und in jedem Frühling Tausende von Kilometern zurück. Es ist noch immer rätselhaft, wie sie die richtige Richtung einschlagen und ihren Weg auf dieser langen Reise finden können.

Wandernde Wildenten

Laubfrosch

Tarnung

Jedes Tier braucht Nahrung. Die meisten Tiere sind selbst gutes Fressen für andere Tiere. Etwas zum Fressen zu finden, ohne selbst gefressen zu werden, ist in der Tierwelt ein großes Problem. Einige Tiere können sich vor ihren Feinden retten, weil sie fliegen, schwimmen oder schnell laufen können. Andere haben Waffen oder einen Panzer, um sich zu schützen. Manche entkommen ihren Feinden, weil sie sich tarnen.

Viele Tiere ahmen die Farben ihrer Umgebung nach. Sie passen sich ihrer Umgebung so gut an, daß sie kaum zu sehen sind. Einige wechseln sogar die Farbe, wenn sie einen anders gefärbten Platz betreten. Andere Tiere ahmen sowohl die Farbe als auch die Form nach. Eine Stabheuschrecke sieht zum Beispiel wie ein Stab oder Zweig aus. Auch die Spannerraupe gleicht einem Zweig, wenn sie sich auf ihrem As steil aufrichtet. Der

Angler ist durch die Stacheln an seinem Körper und die Farbflecken von den ihn umgebenden Pflanzen nicht zu unterscheiden.

Der Vizekönigschmetterling ist ein hervorragender Nachahmer. Seine Form und seine Farbe sind sehr schwer zu verbergen. Dafür aber ahmt er das Aussehen des Monarchschmetterlings nach. Dieser hat einen so widerlichen Geschmack, daß ihn die Vögel in Ruhe lassen. So wird auch der Vizekönigschmetterling verschont.

Manche Tiere ahmen andere nach, die gute Waffen haben. Die Hummelmotte ist harmlos, sie hat keinen Stachel. Aber sie ähnelt der Hummel so sehr, daß ihre Feinde sie meiden.

Natürlich kann niemand genau sagen, wie sehr es diesen Tieren nützt, daß sie das Aussehen eines anderen nachahmen. Aber man darf wohl annehmen, daß einige Tierarten ohne Tarnung schor ausgestorben wären.

Angler

Hunderttausende von Pflanzen

Es gibt nicht so viele Pflanzenarten wie Tierarten, aber es sind doch immerhin mehr als 350 000. Es gibt Pflanzen in allen Größen: Riesen von 120 Metern Höhe und winzige Gebilde, die man nur unter einem starken Mikroskop sehen kann. Die kleinsten Pflanzen sind, ebenso wie die kleinsten Tiere, Einzeller. Große Pflanzen bestehen wie die großen Tiere aus Millionen, ja Billionen von Zellen.

Bäume sind die größten Pflanzen. Sie sind so groß, daß es manchen Leuten schwerfällt, sie als Pflanzen zu betrachten. Tatsächlich besitzt ein Baum einen ähnlichen Aufbau wie eine Sonnenblume. Er hat Wurzeln, die in die Erde hineinwachsen, einen Stamm, der dem Himmel zustrebt und Blätter, die sich im Sonnenlicht ausbreiten.

Die meisten Pflanzen bleiben ihr Leben lang an einem Platz. Niemand hat je einen Rosenstrauch wandern und Seetang an der Küste entlangkriechen sehen. Aber einige winzige Wasserpflanzen schwimmen von Ort zu Ort. Manche kleinen Pflanzen haben sogar eine Art von Haar, das sich vor- und zurückbewegt und ihnen auf diese Weise bei der Fortbewegung im Wasser hilft.

Wenn wir an Pflanzen denken, stellen wir uns grüne Farben vor. Aber nicht alle Pflanzen sind grün. Es gibt Tausende, denen der grüne Farbstoff fehlt. Viele der winzigen Pflanzen, die man nur mit einem Mikroskop erkennen kann, sind farblos, auch einige größere Pflanzen, wie zum Beispiel der Einblütige Fichtenspargel.

Millionen Jahre lang gab es keine einzige Pflanze mit Blüten auf der Erde. Als dann die ersten Blütenpflanzen wuchsen, breiteten sie sich sehr schnell und weit aus. Auch heute noch gibt es viele Pflanzen ohne Blüten: Moose, Farne, Schachtelhalme, Algen und Pilze. Auch bei Nadelbäumen sind die Blüten nur wenig ausgebildet. Aber mehr als die Hälfte aller Pflanzenarten auf der Erde hat Blüten.

Tagetes (»Studentenblume«)

Apfelblüte

Maiskolben

Zuckerfabriken

Eine Maispflanze sieht nicht gerade wie eine Fabrik aus – aber sie ist eine. Sie ist eine Zuckerfabrik. Sie arbeitet jeden Tag von morgens bis abends, sogar an Sonn- und Feiertagen!
Die Maispflanze braucht zur Zuckerherstellung zwei Dinge: Wasser und Kohlendioxyd. Das Kohlendioxyd ist eines der Gase, aus denen die Luft besteht. Das Wasser kommt aus der Erde.
Die Zuckerherstellung findet vor allem in den Blättern statt. Die »Maschinen« sind winzige grüne Punkte. Sie können Zucker herstellen, weil sie das »Zaubermittel« Chlorophyll in sich haben. Das Kohlendioxyd dringt durch kleine Löcher in der Haut in das Innere des Blattes. Das Wasser hat einen längeren Weg. Es wird zuerst von den Wurzeln der Maispflanze aufgesogen und steigt dann durch »Wasserleitungen« den Stamm hinauf und dann in die Blätter.

Sobald das Wasser aus der Erde ein Blatt erreicht hat, fließt es durch die Blattadern und kommt auf diese Weise zu den grünen Punkten. Hier vereinigen sich Wasser und Kohlendioxyd, und es entsteht Zucker.

Die meisten Fabriken brauchen Kohle oder Elektrizität als Energiequelle. Der Maispflanze genügt Sonnenlicht.

Die Maispflanze stellt den Zucker für sich selber her. Sie benötigt auch Nahrung. Aber eine Pflanze kann ebensowenig nur von Zucker leben wie wir. Nachdem sie den Zucker fabriziert hat, wandelt sie ihn in die Aufbaustoffe um, die sie nötig hat. Nicht nur der Mais stellt Zucker her. Alle Grünpflanzen tun dasselbe. Ohne Grünpflanzen gäbe es keinen Zucker noch sonst irgendein Futter für die Tiere. Grünpflanzen sind die wichtigsten Fabriken der Welt.

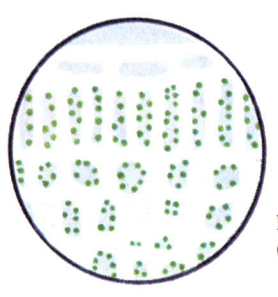

Pflanzenzellen mit Chlorophyll (stark vergrößert)

Orange-Milchling

Schmarotzerpflanzen

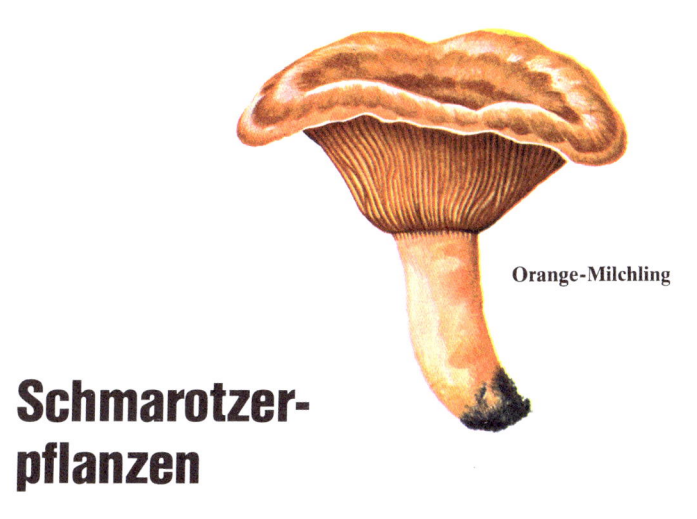

Alle Grünpflanzen können ihre Nahrung selbst herstellen. Fast alle Pflanzen, die nicht grün sind, brauchen fertige Nahrung. Wir nennen sie deshalb Schmarotzer.

Alle Pilze sind Schmarotzerpflanzen. Einige wachsen auf lebenden Pflanzen und ziehen ihre Nahrung daraus, andere bevorzugen abgestorbene Pflanzen.

Dies Bild eines Pilzes zeigt nicht die ganze Pflanze. Ein großer Teil jedes Pilzes ist verborgen. Dieser versteckte Teil besteht aus winzigen Fäden, die in der Erde oder in alten Balken oder Baumstrünken wachsen. Diese Fäden nehmen Nahrung und Wasser auf. Wir sehen nur die Stiele mit den sogenannten Sporen, den »Samen« der Pilze. Sie sind aber viel, viel kleiner als Samenkörner.

Es gibt Hunderte von Pilzarten.
Viele Pilze sind eßbar, andere enthalten ein tödliches Gift. Man sollte nie einen wildwachsenden Pilz essen, ehe nicht ein Fachmann festgestellt hat, daß er genießbar ist. Der gefährlichste Pilz in unseren Wäldern ist der Knollenblätterpilz, der sehr gut schmeckenden Speisepilzen, dem Feldchampignon und dem Rosa-Schirmling, ähnelt.
Die winzigen Schmarotzer, die wir Hefe nennen, leben von dem Zucker, den die Grünpflanzen hergestellt haben. Die winzigen Pflanzen sind uns eine große Hilfe. Wenn sie wachsen, scheiden sie Kohlendioxyd aus. Dies Gas bildet Blasen und läßt zum Beispiel den Brotteig aufgehen. Aber Hefe kann auch eine Plage sein. Sie kommt in Fruchtsäfte und läßt sie gären. Hefepflanzen sind so winzig, daß sie überall in der Luft herumfliegen. Man kann sie nur mit Hilfe des Mikroskops sehen. Schimmel ist auch eine Schmarotzerpflanze, die schon so groß ist, daß man sie mit bloßem Auge sehen kann. Der Art nach gehört der Schimmel zu den Pilzen. Jeder hat wohl schon Schimmelpilze auf Brot oder einer Orange entdeckt. Der Schmarotzer nimmt sich die Nahrung, die er braucht. Wir sollten es den Schmarotzerpflanzen nicht übelnehmen, daß sie sich von Grünpflanzen oder Tieren ernähren. Wir selbst machen es ja ebenso.

Kannenpflanze **Sonnentau**

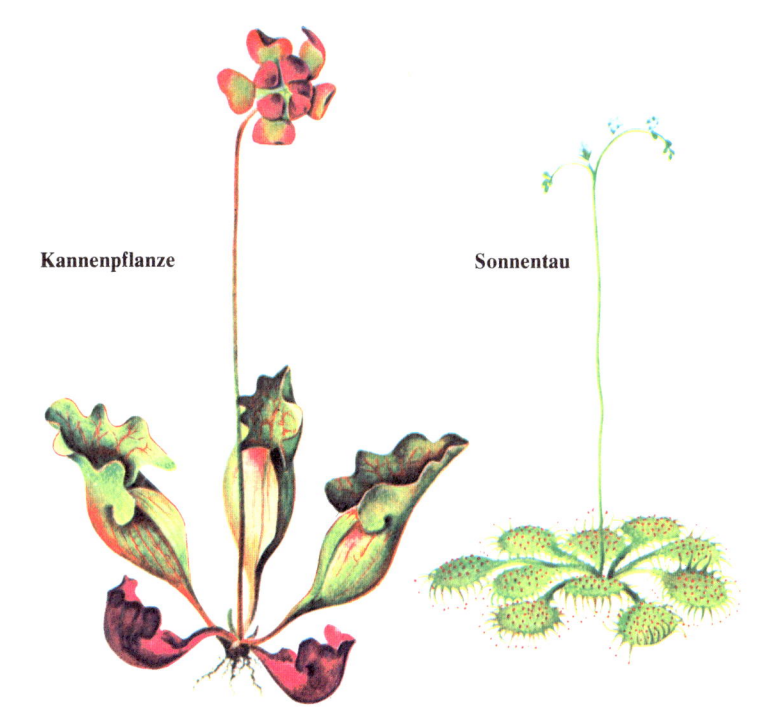

Fleischfressende Pflanzen

Viele Insekten fressen Pflanzen. Aber es gibt ebenso Pflanzen, die Insekten fressen. Diese fleischfressenden Pflanzen haben Fallen, in denen sich die Insekten fangen.

Die Kannenpflanze benutzt dazu ihre Blätter, die wie Kannen geformt sind. In diesen Kannen sammelt sich Regenwasser. Insekten, die in diese Blätter krabbeln, können nicht wieder heraus und ertrinken. Dann werden sie von der Pflanze als Nahrung benutzt. Der winzige Sonnentau hat

Wasserschlauch

Venusfliegenfalle

Fettkraut

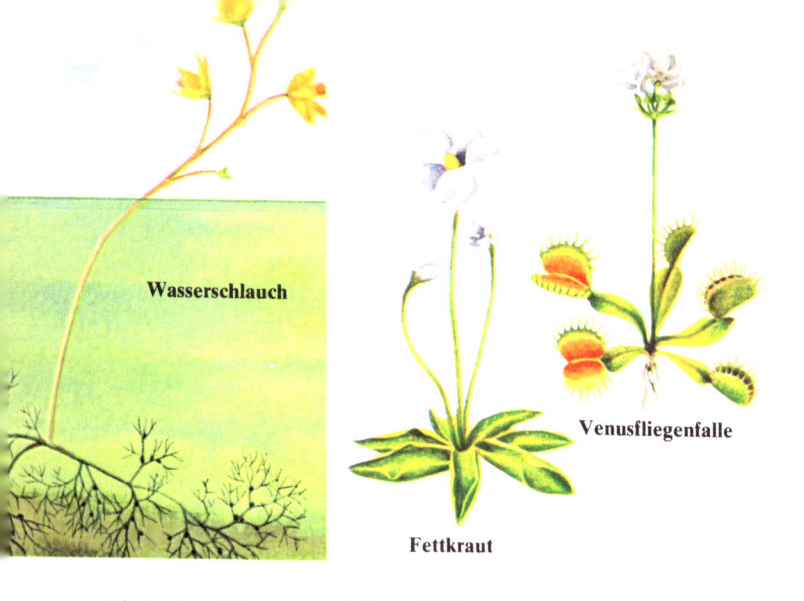

klebrige Haare auf den Blättern. Bleibt ein Insekt an einem Haar hängen, wird es von den umstehenden Haaren festgehalten, bis es verdaut ist. Auch die Blätter des Fettkrautes sind über und über mit klebrigen Haaren besetzt. Der unter Wasser wachsende Wasserschlauch hat kleine Hohlräume an seinen Schläuchen, die wie Fanggruben wirken.

Eine der besten Fangeinrichtungen besitzt die Venusfliegenfalle. Jedes Blattende ist eine Falle. Sie klappt zu, wenn ein Insekt nur eines der dort wachsenden Härchen berührt. Da die insektenfressenden Pflanzen an Orten leben, wo sie dem Boden nicht genügend Aufbaustoffe entnehmen können, sind sie auf andere Nahrung angewiesen.

Blumen, die wir kennen

Alle drei unten abgebildeten Blumen sind uns wohlbekannt. Sie wachsen in unseren Gärten. Aber nicht alle hübschen Blumen werden gezüchtet, es gibt auch wildwachsende Blumen. Sie blühen in Feldern und Wäldern, an Seen und Straßenrändern. Niemand hat sie gepflanzt. Niemand pflegt sie oder begießt sie.

Es gibt Tausende von Blumensorten. Sie sind nicht alle so auffällig wie diese. Die Blüten von Gras, Bäumen und vielen Unkräutern sind sehr klein und unscheinbar. Viele Menschen kommen zum Beispiel gar nicht auf den Gedanken, daß

Kornblume   **Winde**   **Zinnie**

die Weidenkätzchen Blüten sind. Aber alle Blüten haben dieselbe Aufgabe zu erfüllen: Sie helfen der Pflanze, Samen zu bilden, damit wieder neue Pflanzen derselben Sorte entstehen können.

Der Same wächst in dem Teil der Blüte, den wir Stempel nennen, und zwar in dessen unterem Teil, dem Fruchtknoten. Zuvor muß etwas Blütenstaub auf den oberen Teil des Stempels, die Narbe, fallen. Gewöhnlich kommt der Blütenstaub oder Pollen von anderen Blüten. Er wird vom Wind übertragen oder von Bienen und anderen Insekten.

Die Blüten locken die Insekten mit Nahrung, damit sie den Blütenstaub mitnehmen. Viele Blüten enthalten einen süßen Saft, den Nektar. Auch der Blütenstaub selber ist Nahrung für viele Insekten. Sie fliegen von Blume zu Blume, um diese Nahrung zu finden. Dabei bleibt an ihren pelzigen Leibern Blütenstaub hängen. Wenn sie nun zur

Frauenschuh, eine der schönsten wildwachsenden Blumen

nächsten Blüte kommen, streifen sie an deren Narbe einen Teil dieser Pollen ab.

Die meisten Blüten, die Insekten für die Bestäubung brauchen, haben auffallend gefärbte Blütenblätter. Damit locken sie wahrscheinlich die Insekten an. Auch der Blumenduft ist eine Art Signal. Wenn wir die Blumen im Garten beobachten, sehen wir sicherlich Bienen und Schmetterlinge, die von einer prächtigen Blüte zur anderen fliegen und flattern.

Es ist sehr interessant, Samenkataloge zu betrachten. Jahr für Jahr werden neue Sorten von Gartenblumen gezüchtet und angeboten. Die Geschichte der wildwachsenden Blumen ist nicht so beglückend. Sie sind viel seltener geworden. Viele Wälder, in denen solche Blumen wuchsen, wurden abgeholzt. An den Straßenrändern werden die wildwachsenden Blumen abgemäht, bevor sie blühen konnten. Oft wurden sie sogar weggebrannt. Rücksichtslose Menschen pflücken große Mengen der noch übriggebliebenen Wildblumen. Einige der uns heute noch bekannten Sorten sind in Gefahr, ausgerottet zu werden.

Die wildwachsenden Blumen können sich wohl gegenüber Unkräutern und anderen Pflanzen behaupten, aber sie haben keinerlei Schutz gegen rücksichtslose Menschen.

Bananen

Früchte von nah und fern

Wahrscheinlich entdeckten bereits die Menschen der Vorzeit, daß einige Pflanzen süße, saftige, wohlschmeckende Früchte besitzen. Natürlich konnten sie nur die Früchte essen, die in ihrer nächsten Umgebung wuchsen. Heute können wir in den Geschäften Früchte aus den verschiedensten Gegenden der Erde kaufen. Bananen zum Beispiel wachsen nur in feuchtheißen Ländern. Preiselbeeren dagegen findet man in den Sumpfgebieten der kühleren Gebiete.

Äpfel gibt es in vielen Teilen der Erde. Sie wachsen auch an den Orten, wo die Höhlenmenschen lebten. Wahrscheinlich aßen schon die Höhlenmenschen viele Äpfel. Doch die Äpfel jener Zeit unterschieden sich stark von unseren heutigen Sorten. Sie waren klein und hart, wie die unreifen

Äpfel, aus denen Marmelade gekocht wird. Die Gärtner haben es verstanden, immer bessere Apfelsorten zu züchten. Auch die anderen Früchte, die wir heute haben, sind viel größer und schöner und schmecken besser als ihre wilden Vorfahren. Früchte sind eigentlich nur die Verpackung für die Samen der betreffenden Pflanzen. Einige, zum Beispiel Pflaumen und Pfirsiche, haben einen einzigen Kern in jeder Frucht. Äpfel und Birnen haben mehrere, Wassermelonen Hunderte!

Erdbeeren

Zitronen

Kirschen

Mangofrucht

Pfirsiche **Wassermelone**

Ursprünglich waren in allen Früchten Samenkerne. Aber jetzt gibt es auch kernlose Früchte. Bananen sind kernlos. Die winzigen, dunklen Flecken im Fruchtfleisch sind alles, was von den früheren Bananenkernen übriggeblieben ist. Aber daraus können keine neuen Bananenstauden wachsen.

Es gibt auch kernlose Orangen. Sie sind für die Bäume, auf denen sie wachsen, völlig nutzlos. Aber sie schmecken sehr gut. Es gibt noch mehr kernlose Früchte. Ananas und einige Traubensorten gehören dazu.

Glücklicherweise kann man Obstbäume, Büsche und Weinstöcke auch ohne Samen züchten. Sie können aus Knospen oder Zweigen der älteren Pflanzen gezogen werden. Nur der erste Baum brauchte einen Samen, alle späteren Nachkommen stammen von Ablegern dieses ersten Vertreters der Art.

Apfel   **Trauben**   **Navel-Orangen**

Blattsellerie　　　　　**Blumenkohl**

Weiße Rüben　　**Kopfsalat**

Gemüse in unseren Gärten

Wenn jemand Gemüse ißt, verspeist er immer einen Teil irgendeiner Pflanze. Doch es handelt sich dabei um sehr verschiedene Dinge. Bohnen und Erbsen sind Samen, ein Kohl- oder Salatkopf ist ein dichtes Büschel von Blättern, bei Spargel handelt es sich um die Stengel der Spargelpflanze. Vom Blattsellerie essen wir die Blattstiele, und ein Blumenkohlkopf besteht aus Blütenknospen. Möhren, Radieschen, süße Kartoffeln und weiße Rüben sind verdickte Wurzeln. Speisekartoffeln sind unterirdische Stielauswüchse, Zwiebeln sind Knollen. In Tomaten befinden sich Samenkerne, deshalb gehörten sie zu den Früchten. Auch Gurken, Kürbisse und Auberginen enthalten Samen und sind darum ebenfalls Früchte.
Wenn ein Gärtner Rettichsamen sät, weiß er, daß

aus jedem Samen nur ein Rettich wachsen wird. Um den Rettich ernten zu können, reißen wir die ganze Pflanze heraus. Diese »Eins-aus-eins«-Regel gilt für die meisten Wurzelgemüse, dazu noch für Kohl, Kopfsalat und Blumenkohl.

Aber einige Samen versprechen dem Gärtner einen größeren Ertrag. Ein Bohnensame, zum Beispiel, entwickelt sich zu einer großen Pflanze mit vielen Blüten, aus denen sich die neuen Bohnen entwickeln. Bei den Gemüsearten, deren eßbare Teile Samen oder Früchte sind, gilt die Regel »Viel-aus-eins«.

Gewöhnlich zieht der Gärtner keine Spargel oder Kartoffeln aus Samen. Beim Spargel pflanzt er Spargelwurzeln. Aus jeder Wurzel wachsen dann mehrere Stiele. Diese Wurzeln leben sehr lange in der Erde weiter. Kartoffeln zieht man aus Kartoffelstücken, dabei muß jedes Stück eine Knospe, ein »Auge« haben. Die daraus entstehende Pflanze liefert dann mehrere Kartoffeln.

Kartoffeln

Erbsen

Möhren

Ulme

Seidenpflanze

Ahorn

Samen auf Reisen

Wenn der Samen des Rohrkolbens nicht die Möglichkeit hätte, fortzufliegen, stünden alle Rohrkolben an einem Platz. Aber die Samen des Rohrkolbens sind für eine Reise vorzüglich ausgestattet, und deshalb ist diese Pflanze in allen Sumpfgebieten der Erde zu Hause.

Der Rohrkolbensamen ist an einem winzigen, flaumigen »Fallschirm« befestigt. Damit kann er weite Strecken mit dem Wind zurücklegen. Die Samen der Disteln, des Löwenzahns und vieler anderer Pflanzen haben ebenfalls solche Fallschirme, die ihnen die Luftreise ermöglichen.

Einige Samen haben eine Art Flügel statt Fallschirme, zum Beispiel die Ahorn- und Ulmensamen.

Viele Samen haben Widerhaken, mit denen sie sich am Fell von Tieren festhalten. So unternehmen zum Beispiel Klettensamen weite Reisen. Andere Samen machen ihre Freifahrt mit dem Schlamm, der an den Füßen der Vögel hängenbleibt. Manche reisen sogar im Körper der Vögel. Wenn zum Beispiel ein Rotkehlchen eine Brombeere frißt, verdaut es nur die weichen Teile der Beere. Die Samen kommen unbeschädigt aus dem Körper wieder heraus.

Die Samen der Amerikanischen Lotusblume schwimmen in Samenbehältern, die wie kleine Schiffe aussehen, zu neuen Standorten.

Einige Pflanzen besitzen flache Samenhüllen, die auf Eis und Schnee wie winzige Schlitten dahingleiten. Solche Samen-»Schlitten« besitzt die Robinie (falsche Akazie).

Die Samen des »Steppenläufers« in Nordamerika haben keine Fallschirme, keine Flügel und keine Widerhaken. Sie können weder schwimmen noch gleiten. Trotzdem reisen sie kilometerweit. Wenn die Samen reif sind, vertrocknet die ganze Pflanze, der Stengel bricht kurz über dem Boden ab, und der Busch wird vom Wind fortgerollt, wobei unterwegs die Samen herausfallen. Solche rollenden Büsche werden in fast allen Western gezeigt!

»Steppenläufer«

Rohrkolben

Unser Körper

Niemandem wird es schwerfallen, die Menschen auf diesem Bild zu unterscheiden: Einige sind schlank, andere mehr oder weniger dick; manche haben helle Haare, andere dunkle. Es sind Frauen und Männer. Und trotzdem stimmen ihre Körper in vielem überein. Jeder Mensch ist nach demselben »Plan« gebaut.

Die Knochen bilden das Körpergerüst. Jeder von uns hat mehr als 200 Knochen. Die Gesamtheit der Knochen bezeichnet man als Skelett.

Jede Bewegung unseres Körpers wird durch Muskeln ausgeführt. Die Muskeln sind unterschiedlich lang und dick. Aber alle arbeiten auf dieselbe Weise: Wenn sie sich dehnen, werden sie länger, wenn sie sich zusammenziehen kürzer.

Wir brauchen Luft zum Atmen, ebenso wie die Tiere. Wir atmen mit Lungen, die aus vielen Bläs-

Atmungssystem

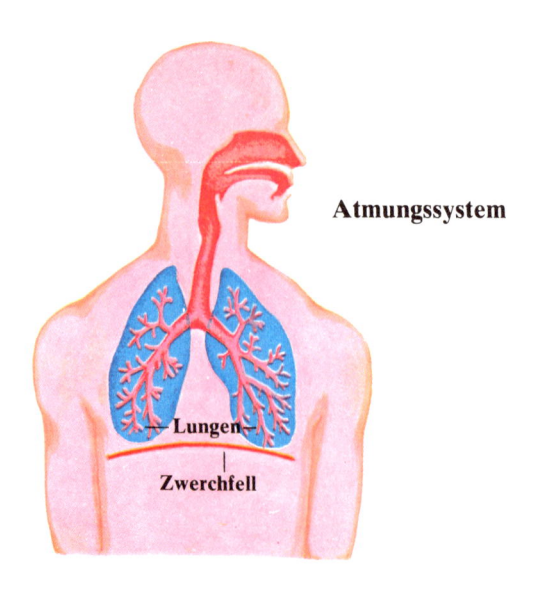

Lungen

Zwerchfell

chen bestehen. In diese gelangt die Luft durch die Nase oder den Mund und die Luftröhre.
Die Nahrung, die wir essen, muß in eine Flüssigkeit umgewandelt werden, damit sie in alle Teile des Körpers gelangen kann. Wir nennen das die Verdauung.
Zuerst wird die Nahrung im Mund zerkleinert. Dabei wird sie mit einer Flüssigkeit, dem Speichel, gemischt. Vom Mund rutscht sie durch die Speiseröhre in den Magen. Dort werden der Nahrung Verdauungssäfte zugesetzt. Dann kommt sie in den Dünndarm. Der Dünndarm eines Menschen ist ungefähr dreimal so lang wie seine Körpergröße, aber nur so dick wie sein Daumen. Hier

Verdauungssystem

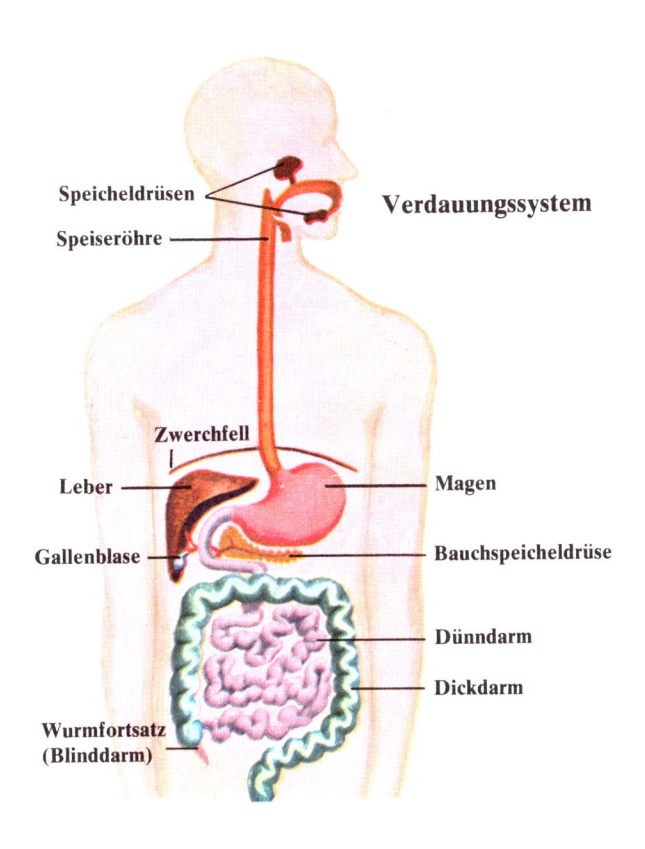

- Speicheldrüsen
- Speiseröhre
- Zwerchfell
- Leber
- Gallenblase
- Wurmfortsatz (Blinddarm)
- Magen
- Bauchspeicheldrüse
- Dünndarm
- Dickdarm

helfen verschiedene andere Säfte bei der weiteren Verdauung. Einer dieser Säfte kommt aus der Leber, ein anderer aus der Bauchspeicheldrüse.
Wenn die Nahrung die lange Reise durch den Dünndarm hinter sich hat, ist alles verdaut worden, was sich verdauen ließ. Der unverdauliche Rest gelangt in den Dickdarm. Dort bleibt er, bis besondere Muskeln ihn aus dem Körper heraus-

Armmuskeln

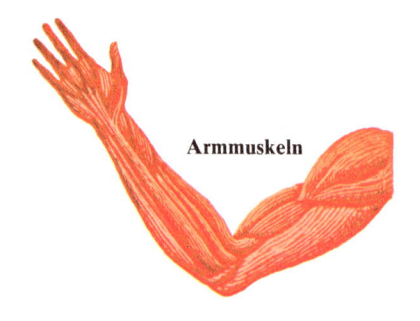

stoßen. Das Blut rinnt durch unseren ganzen Körper und versorgt ihn mit allem, was er braucht. Es führt den von uns benötigten Teil der Atemluft, den Sauerstoff, mit sich und ebenso die verdaute Nahrung.

Das Herz pumpt das Blut durch die Blutgefäße. Es schlägt Tag und Nacht etwa 70mal in der Minute. Das Herz besteht aus starken Muskeln. Bei jedem Schlag drückt es das Blut in die Blutgefäße. Es gibt drei Arten von Blutgefäßen: Die Schlagadern oder Arterien führen das Blut vom Herzen fort; die Blutadern oder Venen bringen es zum Herzen zurück. Winzige Blutgefäße, die sogenannten Haargefäße, verbinden die Arterien und die Venen.

Ständig nutzen sich irgendwelche Körperteile ab, und es bilden sich immer neue Abfallstoffe. Unsere Nieren sind sehr wichtig, weil sie helfen, diese Abfallstoffe auszuscheiden. Das Blut nimmt die

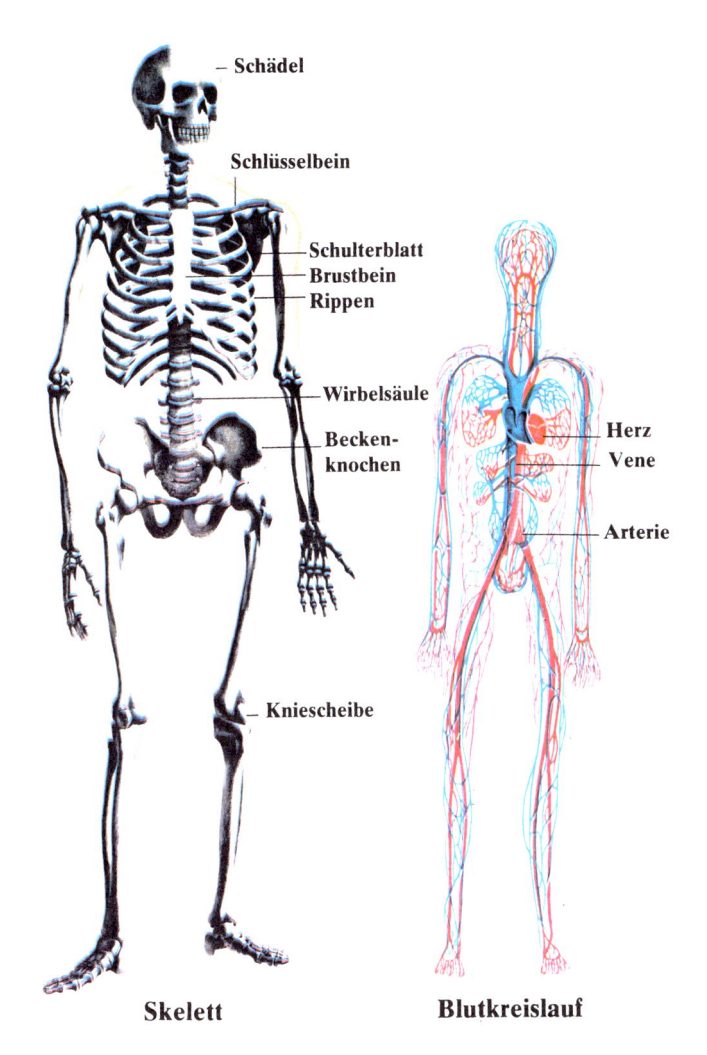

Skelett
- Schädel
- Schlüsselbein
- Schulterblatt
- Brustbein
- Rippen
- Wirbelsäule
- Beckenknochen
- Kniescheibe

Blutkreislauf
- Herz
- Vene
- Arterie

Abfälle auf und transportiert sie zu den Nieren. Unser Körper besitzt ein gutes Nachrichtensystem. Die Nerven sind die »Telegrafendrähte«.

Sie vermitteln Nachrichten zwischen dem Gehirn und allen Teilen des Körpers.

Das Gehirn ist außerordentlich wichtig. Ohne das Gehirn könnten wir weder sehen noch hören, riechen, fühlen oder schmecken. Unsere Augen würden uns überhaupt nichts nützen, wenn wir keine Nachrichten an das Gehirn senden könnten. Tatsächlich sehen wir mit dem Gehirn; wir hören, riechen, fühlen und schmecken mit dem Gehirn. Zunge, Nase, Ohren und Haut sind nur die Nachrichtensender. Auch das Denk- und Erinnerungsvermögen ist an das Gehirn gebunden. Ohne Gehirn wären wir nichts besseres als eine Qualle.

Die Haut bedeckt den ganzen Körper. Sie schützt ihn vor dem Austrocknen und vor Verletzungen und hält viele Krankheitskeime fern.

Die Haare sind in Wirklichkeit ein Teil der Haut, ebenso unsere Nägel. Man braucht wohl nicht zu betonen, daß die Haut viel mit unserem Aussehen zu tun hat. Stell dir vor, du hättest keine Haut!

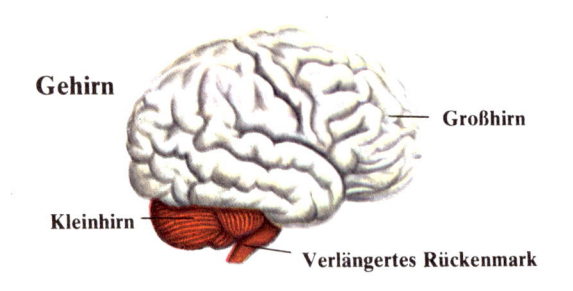

Gehirn — **Großhirn** — **Kleinhirn** — **Verlängertes Rückenmark**

Die Luft, die wir atmen

Die Luft um uns herum ist eine Mischung verschiedener Gase. Mehr als drei Viertel davon ist Stickstoff, der Rest besteht hauptsächlich aus Sauerstoff. Die Luft enthält aber auch kleine Mengen von Kohlendioxyd, Argon und noch verschiedene andere Gase.

Die Luft enthält immer etwas Wasserdampf, manchmal sogar sehr viel. Trotzdem wird Wasserdampf nicht als Bestandteil der Luft angesehen. Luft wäre immer noch Luft, auch wenn aller Wasserdampf daraus entfernt würde.

Sauerstoff ist der Teil der Luft, den wir brauchen. Wenn die Luft in unsere Lungen gelangt, kommt der Sauerstoff in die winzigen Blutgefäße der Lunge. Das Blut trägt ihn dann in alle Teile unseres Körpers.

Ebenso bringt das Blut aus dem ganzen Körper Kohlendioxyd zurück in die Lungen. Die ausgeatmete Luft enthält sehr viel Kohlendioxyd und nur noch wenig Sauerstoff. Das Verhältnis der anderen Bestandteile unserer Atemluft verändert sich dagegen nicht. Der Gehalt an Stickstoff und den anderen Gasen bleibt also derselbe.

Wäre es besser für uns, wenn die Luft aus reinem Sauerstoff bestünde? Nein, ganz und gar nicht! Der Wissenschaftler, der den Sauerstoff entdeckte, füllte damit eine Flasche und tat eine Maus hinein. Das Tier wurde äußerst lebhaft. Es rannte so schnell, daß es vor Erschöpfung zusammenbrach. Auch uns würde es nicht anders ergehen, wenn der Sauerstoff der Luft nicht durch den Stickstoff verdünnt wäre.

Es gibt seit mindestens einer Million Jahre Menschen auf der Erde, und sie haben immer Sauerstoff gebraucht. Auch die Tiere brauchen ihn, ebenso das Feuer; denn Feuer ist die Vereinigung eines brennbaren Stoffes mit Sauerstoff. Es ist stets genug davon vorhanden. Das liegt daran, daß die grünen Pflanzen bei der Zuckerherstellung Sauerstoff ausscheiden. Sie wiederum brauchen Kohlendioxyd, das wir und die Tiere abgeben. Wir verdanken den Pflanzen also nicht nur unsere Nahrung, sondern auch die Luft zum Atmen.

Städtische Wasserleitung

Ziehbrunnen

Pumpe

Unser Trinkwasser

Jedes Lebewesen braucht Wasser. Auch der Mensch kann ohne Wasser nur wenige Tage am Leben bleiben. Es ist nicht schwer zu verstehen, warum unser Körper Wasser braucht. Er besteht ja selbst zum großen Teil aus Wasser. Wenn jemand ein Körpergewicht von 100 Pfund hat, wiegt das Wasser in seinem Körper fast 60 Pfund! Unser Körper gibt ständig Wasser ab. Die Menge, die er verliert, muß wieder ersetzt werden. Jeder Mensch braucht etwa sechs Gläser Flüssigkeit pro Tag.

Es ist nicht immer leicht, gutes Trinkwasser zu beschaffen. Meerwasser ist zu salzig. Manches Wasser ist zu schlammig, anderes enthält soviel Eisen oder Schwefel, daß es ungenießbar wird. Selbst klares, gut schmeckendes Wasser kann gefährlich sein. Vielleicht enthält es winzige Krankheitserreger.

Es ist auch oft sehr schwer, immer genügend Wasser zu beschaffen. Viele Großstädte bekommen ihr Leitungswasser aus Seen, die Hunderte von Kilometern entfernt liegen. Riesige Rohrleitungen oder Kanäle, Aquädukte genannt, führen das Wasser heran. In viele Flüsse hat man Staudämme gebaut und so künstliche Seen geschaffen, um einen Wasservorrat zu haben.

Kleinere Städte versorgen sich oft aus Quellen. In früheren Zeiten siedelten sich die Menschen immer in der Nähe von Quellen an. Viele Familien auf dem Lande haben auf ihrem Bauernhof eine eigene Quelle. In manchen wasserarmen Gegenden der Erde wird Quellwasser auf der Straße verkauft.

Heutzutage wird das Wasser in den meisten Städten in Kläranlagen keimfrei und trinkbar gemacht. Schmutz kann zum Beispiel durch Filtern entfernt werden. Dazu verwendet man dicke Sandschichten. Um das Wasser keimfrei zu bekommen, wird Chlor zugesetzt, das Krankheitserreger vernichtet. Um einen unangenehmen Geschmack aus dem Wasser herauszubringen, wird es hoch hinauf in die Luft gespritzt. Dies Reinigungsverfahren nennt man Belüftung.

Unsere Nahrung

Solange wir leben, in jeder Minute, schlägt unser Herz und pumpt Blut durch unseren Körper. Solange wir leben, atmen wir ein und aus. Die meiste Zeit arbeiten auch andere Teile unseres Körpers. Wir brauchen »Kraftstoff«, um unsere »Körpermaschine« in Gang zu halten. Natürlich verbrauchen wir mehr Energie, wenn wir schwer arbeiten oder besonders viel Sport treiben. Diese Energie bekommen wir von den Nahrungsmitteln, die wir essen. Was für das Auto das Benzin bedeutet, ist für uns die Nahrung.

Doch die Nahrung muß für uns weit mehr tun als das Benzin für das Auto. Sie muß auch die Stoffe liefern, die wir für verletzte oder erkrankte Teile unseres Körpers benötigen. Wir brauchen sehr viele dieser Aufbaustoffe, damit unser Körper wachsen kann. Stellt euch vor, Benzin könnte dasselbe leisten: Es könnte eine Reifenpanne beheben, eine Beule im Kotflügel ausbessern oder sogar aus einem kleinen Auto ein großes wachsen lassen!

Aber Benzin ist nur zum Fahren da, nicht zum Wachsen. Unsere Nahrung wird für beides gebraucht: zum Gehen und zum Wachsen. Außerdem leistet die Nahrung für uns auch noch das, was Zündkerzen und Öl in einem Auto tun: Sie läßt unsere Körpermaschine leicht laufen.

Den Hunger zu stillen, ist nicht dasselbe, wie die richtige Nahrung zu uns zu nehmen. Ein Kind, das nur Bonbons äße, wäre zwar nicht hungrig, würde aber schnell krank. Zucker ist gut für das »Gehen«, aber nicht für das »Wachsen«. Er schmiert auch unsere Körpermaschine nicht.

Milch hilft beim Aufbau starker Muskeln, Zähne und Knochen. Jungen und Mädchen sollten täglich einen Viertelliter Milch trinken. Einen Teil davon kann man auch in Form von Milchpudding, Eiscreme oder Käse zu sich nehmen.

Auch Eier sind eine gute Wachstumsnahrung, ebenso Fleisch, Fisch und Geflügel. Dann und wann kann man das Fleisch auch durch Nüsse ersetzen.

Wir sollten täglich neben den Kartoffeln noch zweierlei Gemüse essen. Das eine sollte grün oder gelb sein, denn ein solches Gemüse ist reich an Mineralen und Vitaminen. Diese Stoffe sind die »Zündkerzen« und das »Öl«, die unsere Körpermaschine leistungsfähig erhalten. Das andere Gemüse sollte roh sein, es kann auch durch frisches Obst ersetzt werden.

Butter und Margarine bilden »Geh-Nahrung«. Sie haben sehr viel Fett und enthalten bestimmte Vitamine, die wir in anderen Nahrungsmitteln nur sehr spärlich finden.

Brot und Teigwaren sind gleich gut für Bewegung und Wachstum. Sie lassen unsere Maschine reibungslos funktionieren. Wenn sie aus Vollkorn hergestellt sind, enthalten sie auch Minerale, die unser Körper nötig braucht.

Wie wir gesund bleiben

Niemand möchte gern krank sein. Jeder ist froh, wenn er gesund bleibt.

Um unseren Körper gesund zu erhalten, brauchen wir viel frische Luft zum Atmen, eine Menge reines Wasser zum Trinken und die richtige Nahrung zum Essen. Aber diese drei Dinge allein genügen noch nicht.

Auch das Ausruhen ist wichtig. Während wir arbeiten und spielen, bilden sich in unserem Körper Abfallstoffe. Wenn man sich müde fühlt, kommt das daher, daß der Körper diese Abfälle rascher herstellt, als sie das Blut abtransportieren kann. Wer müde ist, kann nicht schnell denken und wird sehr schnell reizbar und schlechtgelaunt. Ein ermüdeter Mensch wird auch viel leichter krank. Jeder muß seinem Körper Gelegenheit geben, sich von den Abfallstoffen zu befreien und alle abgebauten Stoffe wieder zu ersetzen.

Kinder brauchen mehr Ruhezeit als Erwachsene. Ihre Körper müssen sich nicht nur erneuern, sondern auch noch wachsen. Kein Körper kann richtig wachsen, wenn er nur bei Arbeit und Spiel angestrengt und verbraucht wird.

Schlaf ist die beste Art auszuruhen. Nicht alle Kinder brauchen die gleiche Menge Schlaf. Wenn ein Junge oder ein Mädchen am Morgen, wenn es Zeit zum Aufstehen ist, immer noch müde ist, hat der Schlaf wahrscheinlich nicht ausgereicht, auch wenn es die Schlafdauer war, die ein Kind des betreffenden Alters normalerweise braucht. Die Ärzte sagen, daß Kinder von 9 und 10 Jahren jede Nacht 11 bis 12 Stunden Schlaf brauchen. Elfjährige sollten 11 Stunden schlafen. Zwölfjährige brauchen etwas weniger.

Unser Körper braucht Ruhe, aber manche Leute ruhen zu viel und verschaffen sich zu wenig Bewegung. Es gibt sicherlich nicht viele Kinder, die sich mehr bewegen müßten, doch einige wenige sollten sich tatsächlich bei der Arbeit und beim Spiel etwas mehr anstrengen. Bewegung kräftigt die

Muskeln. Sie läßt das Blut rascher durch den Körper fließen und Nährstoffe und Sauerstoff verteilen.

Am besten ist das Spielen im Freien. Bewegung in frischer Luft und Sonnenschein ist besonders gesund.

Wenn wir uns sauberhalten, helfen wir damit dem Körper, gut zu funktionieren. Außerdem sehen wir saubergewaschen auch besser aus! Für die meisten von uns ist das tägliche Bad eine gute und gesunde Gewohnheit.

Ganz besonders sollten wir auf die Pflege unserer Zähne achten. Zähne, die selten geputzt werden, bekommen viel leichter Löcher als saubere Zähne.

Jeder Autobesitzer läßt seinen Wagen regelmäßig überprüfen, um sicher zu sein, daß alles in Ordnung ist. Genauso regelmäßig sollten wir unseren Körper untersuchen lassen. Dazu gehen wir zum Arzt und zum Zahnarzt. Beide Mediziner können Vorsorge treffen, daß wir nicht krank werden und auch unsere Zähne gesund bleiben. Wenn wirklich einmal etwas nicht in Ordnung sein sollte, wissen die Ärzte, was dagegen getan werden kann und bringen uns rasch wieder auf die Beine.

Register

Die kursiv gedruckten Seitenzahlen verweisen auf Abbildungen.

Aal 18, *19*, 20
Aaskäfer 35, *36*
Ahorn 59
Alligator, Mississippi- *24, 25*
Ameise 37
Ameisenigel 14, *15*
Ananas 56
Angler 42
Anglerfisch, Tiefsee- *31*
Apfel *33*, 54, 55, *56*
Apfelwickler *33*
Aquädukt 70
Argon 67
Arterie 64, *65*
Atmungssystem *62*
Aubergine 57

Bär *39*
Bär, Koala- *15*, 16
Bär, Wasch- *17*
Baltimorevogel *12*
Banana *54*, 56
Barsch 18, *19*
Beckenknochen *65*
Beuteltier 14, 16
Biene 35, *37*, 38
Birne 55
Blauhäher *6*
Blinddarm siehe Wurmfortsatz
Blut 64, 65, 67, 68, 71, 75, 77
Blutkreislauf *65*
Bohne 57, *58*
Brustbein *65*

Chamignon, Feld- 48
Chlorophyll 45, *46*

Dickdarm *63*
Distel 59
Dünndarm 62, *63*

Eichhörnchen *17*, 39, 40
Eidechse 25
Erbse 57, *58*
Erdbeere 55
Eule 12
Eule, Zwergohr- *13*

Falke 12
Fettkraut *50*
Fichtenspargel 44
Fink 12
Fledermaus 16
Fliege, Stuben- *34*
Floh, Menschen- *34*
Flunder siehe Scholle
Frauenschuh *52*
Frosch *22, 23*, 39
Frosch, Laub- *7, 41*

Gallenblase *63*
Garnele, Tiefsee- *32*
Gartenspinne, Goldene *4*
Gehirn *66*
Giraffe *8*
Goldammer *13*
Goldfisch *20, 21*
Gottesanbeterin 35, *36*
Großhirn *66*
Gürteltier 14, *15*
Guppy *20*
Gurke 57

Haargefäß 64
Habicht *13*
Hai, Hammer- 20, *21*
Haut 66
Hefe 48
Hering, *18*, 19
Herz 64, *65*, 71
Heuschrecke, Stab- *41*
Hummel 35, *36*, 42
Hummer *5*

Invertebraten 8

Kabeljau *19*, 20
Känguruh 14, *15*
Kaninchen 15
Kannenpflanze 49
Kardinal *13*
Kartoffel, Speise- 57, *58*
Kartoffel, Süße 57
Kaulquappe *22*, 23
Kernbeißer 12
Kernbeißer, Rosenbrüstiger *13*
Kirsche 55
Kläranlage 70
Kleiber 12, *13*
Kleinhirn *66*
Klette 59
Kniescheibe *65*
Knollenblätterpilz 48
Kohl, Blumen- 57, *58*
Kohlendioxyd 45, *46*, 48, 67, 68
Kolibri *11*, 12
Kornblume *51*
Krebs, Einsiedler- *28*
Kröte 22, 23, 25
Kürbis 57

Lachs *18*, 19
Laus, Blatt- *36*
Laus, Kopf- *34*
Leber *63*
Lerche *9*
Löwenzahn 59
Lotusblume, Amerikanische *60*
Luftröhre *62*
Lunge 61, *62*, 67, 68

Mais 45, *46*
Magen 62, *63*
Mango 55
Marienkäfer *36*

79

Melone, Wasser- 55
Milch 72
Milchling, Orange- 47
Mineral 73, 74
Möhre 57, 58
Molch 22
Moos, Torf- 43
Mosquito 34
Motte, Hummel- 42
Motte, Kleider- 34
Muschel, Kamm- 27, 30
Muschel, Scheiden- 30
Muschel, Schmetterlings- 29, 30
Muskel 61, 63, 64, 72, 77

Natter, Scharlach- 7
Natter, Strumpfband- 24, 25
Nektar 52
Nerv 65, 66
Niere 64, 65
Nilpferd 14, 17

Olm 23
Opossum 14, 15
Orange 56

Pfirsich 55
Pflaume 55
Pilz 47, 48
Pinguin 10, 11
Planarie 5
Plankton 20
Pollen 35, 52, 53
Preiselbeere 54
Protozoon siehe Urtierchen
Pumpe 69

Quelle 70

Radieschen 57
Reiher, Fisch- 11
Rettich 57, 58
Rippe 65
Robinie 60
Rohrkolben 59, 60
Rübe, Weiße 57

Rückenmark, Verlängertes 66

Salamander 22, 23, 25
Salamander, Roter 23
Salat, Kopf- 57, 58
Sauerstoff 64, 67, 68, 77
Schachtelhalm 43
Schädel 65
Schildkröte, Schmuck- 24, 25
Schimmelpilz 48
Schirmling, Rosa 48
Schlaf 75, 76
Schlaf, Winter- 39, 40
Schlinger, Schwarzer 32
Schlüsselbein 65
Schmetterling, Monarch- 40, 42
Schmetterling, Vizekönig- 42
Schnabeltier 14, 15
Schnecke »Blutender Zahn« 29
Schnecke, Engelsflügel- 29
Schnecke, Kegel- 30
Schnecke, Mond- 28
Schnecke, Pantoffel- 29
Schnecke, Kreisel- 29
Schnecke, Sonnenuhr- 29
Schnecke, Truthahnflügel- 29
Schnecke »Tulpenbund« 27, 30
Scholle 20, 21
Schulterblatt 65
Schwalbenschwanz 4
Schwamm 5
Schwammspinner-Raupe 33
Schwein 17
Schwertträger 20
Seepferdchen 20, 21
Seepocke 27
Seidenpflanze 59
Seidenspinner 36
Sellerie, Blatt- 57
Skelett 61, 65

Sonnentau 49, 50
Spargel 57, 58
Specht 12
Specht, Rotköpfiger 13
Speichel 62
Speicheldrüse 63
Speicheldrüse, Bauch- 63
Speiseröhre 62, 63
Sperling, Feld- 9
Spore 47
Steppenläufer 60
Stickstoff 67, 68
Strauß 10, 11

Tagetes 44
Termite 37, 38
Tiger 16
Tintenfisch 5, 21
Tomate 57

Ulme 59
Urtierchen 4, 5

Vene 64, 65
Venusfliegenfalle 50
Verdauungssystem 63
Vertebraten 8
Vipernfisch 32
Vitamin 73, 74

Wal 16, 21
Wasserdampf 67
Wasserschlauch 50
Weidenkätzchen 52
Weintraube 56
Weißfisch 18, 19
Wels, Katzen- 18
Wespe 37
Widder 17
Wildente 9, 40
Winde 51
Wirbelsäule 8, 65
Wurmfortsatz 63

Zahn 72, 78
Zebra 17
Ziehbrunnen 69
Zinnie 51
Zitrone 55
Zwerchfell 62, 63
Zwiebel 57